www.kreative-manufaktur.de
Jetzt auch online
Selbermachen. Genießen. Verschenken.

Selbermachen.
Genießen. Verschenken.

Weihnachtliche Leckereien aus der kreativen Manufaktur
sind schöne Geschenke und Mitbringsel:
mit Sorgfalt hergestellt, mit Liebe verpackt.

GLÜHWEINTEE
MISCHUNG

Anne Iburg • Gesine Harth

SÜSSE GESCHENKE
ZU WEIHNACHTEN
Leckereien backen & verpacken

Inhalt

Weihnachtsleckereien schön verpackt

Weihnachten ist die schönste Zeit des Jahres: Kerzenschein lässt die Wohnung funkeln und Plätzchenduft zieht durch die Zimmer. Weihnachten ist auch Geschenkzeit. Aber wer sagt, dass Sie deshalb in die überfüllte Stadt aufbrechen oder stundenlang in Online-Shops suchen müssen? Machen Sie sich stattdessen selbst eine Freude, indem Sie Ihre Geschenke dieses Jahr einfach selbst machen. Laden Sie Freundinnen zum Backen, Naschen und Plaudern ein oder bitten Sie Ihre Kinder dazu, wenn Sie kleine Köstlichkeiten entstehen lassen. So haben Sie bereits schöne Stunden, während Sie Schönes schaffen.

Für jeden Geschmack ist hier das Passende dabei: knusprige Kekse für die Kleinen, geistreiche Genüsse für die Großen, Lecker-Leichtes für die Gesundheitsbewussten. Und weil eine Gabe erst zu einem Geschenk wird, wenn sie liebevoll verpackt ist, haben wir schnelle, aber hinreißend raffinierte Verpackungsideen gleich mit dazugetan.

Lassen Sie sich inspirieren von den vielen kulinarischen Genüssen und festlichen Verpackungen. Schwelgen Sie in weihnachtlicher Vorfreude!

Schokoladen-seiten

Kaum jemand kann einem Stück Schokolade widerstehen. Bereits die Azteken schätzten die anregende und belebende Wirkung von Kakao. Früher als „Göttertrunk" bezeichnet und den Reichen vorbehalten, ist Schokolade heute glücklicherweise für alle verfügbar.

Schokolade
gehört zu Weihnachten
wie goldene Sterne, Kerzen-
licht und der verführerische
Duft von Weihnachtsgebäck.
Aus Schokolade lassen sich viele
schmackhafte Köstlichkeiten zaubern
wie Gebäck, Trinkschokolade,
Nougatstangen oder
Bruchschokolade.

Nougatstangen
mit Orangengeschmack

Die Nüsse grob hacken und in einer Pfanne ohne Zugabe von Fett rösten. Die Kekse grob zerbröseln. Die Nougatmasse und das Koskosfett in eine Schüssel geben und über einem Wasserbad schmelzen lassen. Die Nüsse, die Kekse und die Orangenschale einrühren.

Legen Sie dann eine Kastenformen mit Backpapier aus und füllen Sie die Nougatmasse ca. 1 cm dick ein. Stellen Sie das Nougat für mindestens 5 Stunden kalt. Dann das Nougat aus der Form nehmen und in 1 cm bis 2 cm dicke Stangen schneiden. Wickeln Sie die Nougatstangen einzeln in Papiermanschetten oder in Alufolie.

Die Nougatstangen sind 2 Wochen im Kühlschrank haltbar.

Die Verpackungsidee für die Nougatstangen finden Sie auf Seite 14/15.

Zutaten für 40 Stück

100 g Nüsse (z. B. Mandel, Haselnuss, Walnuss, Macadamia, Pecannuss)
50 g Biskuit-Orangenkekse oder Löffelbiskuit
200 g Nuss-Nougat-Masse
1 EL Kokosfett
½ TL abgeriebene Orangenschale

15 Min. Zubereitung
5 Std. Trockenzeit

Zarte Knistertüten
für die Nougatstangen

Tüten

Schneiden Sie mehrere Kreise (ca. 7 cm, 5 cm und 3,5 cm Durchmesser) aus, die Sie in der Mitte falten, danach zu einem Viertelkreis und anschließend zu einem Achtelkreis. An der oberen runden Kante ein Dreieck einschneiden und seitlich des Achtelkreises kleine Ecken herausschneiden. Danach den Stern entfalten und glattstreichen.

Bestreichen Sie die Rückseite der Sterne mit Klebstoff und bekleben Sie die Pergamintütchen damit. Die Tütenöffnungen lassen sich mit farbigem Masking-Tape, Klammern oder Kordeln schnell und dekorativ verschließen.

Karten

Schneiden Sie aus weißem Fotokarton 20 cm x 10 cm große Rechtecke und falten Sie diese in der Mitte. Aus grauem Papier schneiden Sie 9 cm x 19 cm große Rechtecke und kleben diese mittig auf den weißen Karton. Fertigen Sie einen großen und zwei kleinere Sterne (wie oben beschrieben) aus weißem und rotem Papier und kleben Sie diese auf den grauen Untergrund.

Material

Tüten

Pergamintüten, ca. 11 cm x 20 cm
dünnes Papier in Rot, Grau und Weiß
Masking-Tape in Rot und Grau gemustert
Fotokarton in Rot und Grau
Baumwollkordel in Rot-Weiß und Grau-Weiß
Foldback-Clips

Karten

Fotokarton in Weiß, 20 cm x 10 cm
Papier in Grau, 9 cm x 19 cm
Papier in Weiß und Rot
Cutter mit geeigneter Schneideunterlage
Falzbein
Zeitungspapier

Heiße Schokolade
wohltuend
an kalten Tagen

Die Vollmilchschokolade auf einer Gemüsereibe fein raspeln. Unter die Schokoraspeln mit einer Gabel den Kakao und den Vanillezucker, Zimt und Kardamom rühren. Mischen Sie den Kakao nicht mit den Händen. Die Hände sind zu warm und lassen die Schokoflocken ihr lockeres Aussehen verlieren.

Die Trinkschokolade ist 3 bis 4 Monate kühl und dunkel aufbewahrt sowie luftdicht verschlossen haltbar.

Variante: Geben Sie zu der Schokomischung 1 Messerspitze Chilipulver. Die Trinkschokolade erhält so eine leicht scharfe Note.

Die Verpackungsidee für die Trinkschokolade finden Sie auf Seite 18/19.

Zutaten
für 5–8 Becher

100 g Vollmilch-
schokolade
5 EL Backkakao
5 Päckchen Vanillezucker
¼ TL gemahlener Zimt
1 Msp. gemahlener
Kardamom

15 Min. Zubereitung

Portionstüten
für die heiße Schokolade

Als Erstes für die Etiketten Kreise (ø 5 cm bis 6,5 cm) oder Streifen ausschneiden bzw. -stanzen, diese in der Mitte falten und beschriften. Am besten vor dem Nähen beschriften, damit Fehler leichter verbessert werden können.

Das Backpapier auf eine Papierunterlage legen und einen ca. 3 mm breiten Rand auf einer der kurzen Seite (11 cm) mit einem Klebestift bestreichen. Damit der Klebestreifen gleichmäßig breit wird, decken Sie das restliche Rechteck mit einem Stück Papier ab. Kleben Sie die gegenüberliegende Seite so fest, dass eine kleine Papierrolle entsteht. Wichtig: Die Rolle nicht knicken!

Eine der beiden Öffnungen nun ganz vorsichtig zusammendrücken, sodass der Falz nicht breiter als 1 cm ist. Diese Öffnung mit der Nähmaschine zusammennähen. Die Naht sollte parallel zum Papierrand in einem Abstand von etwa 5 mm verlaufen. Die Fadenenden miteinander verknoten und den Rest abschneiden.

Füllen Sie danach die Tüte mit der Schokoladenmischung (2–4 EL) und drücken Sie die Öffnung orthogonal zum unteren Rand vorsichtig zusammen. Auch hier sollte der Falz nicht breiter als 1 cm sein.

Stülpen Sie das gefaltete Etikett über die Öffnung und vernähen Sie dieses mit der Tüte. Hier sollte die Naht ebenfalls ca. 5 mm parallel zum Papierrand verlaufen. Die Tüte ist nun verschlossen.

Material
Backpapier, 14 cm x 11 cm
Scrapbook-Papiere oder Fotokarton in Blau- und Türkistönen
Nähgarn
Nähmaschine
Motivlocher: Kreis und/ oder Kreis mit Wellenrand, ø 5 cm und 6,5 cm
Cutter mit geeigneter Schneideunterlage

Bruchschokolade
im süßen Naschkästchen

Material
Scrapbook-Papier in Grün gemustert
Seidenpapier in Weiß
Fotokarton in Creme
Holzwäscheklammer, 4,5 cm lang
doppelseitiges Klebeband
Cutter mit geeigneter Schneideunterlage
Rollschneider oder Konturenschere
Falzbein

Vorlage Seite 106

Bruchschokolade
Lassen Sie die Schokolade im Wasserbad schmelzen. Dabei können Sie ganz nach Belieben nur Vollmilchschokolade schmelzen, nur dunkle oder auch beide zusammen. Getrocknete Cranberries oder Studentenfutter oder Nüsse auf Backpapier auslegen und die flüssige Schokolade daraufgießen. Falls sich die Leckereien verschieben, rücken Sie sie einfach mit einem Holzstäbchen an den rechten Platz. Wenn die Schokolade ausgekühlt ist, kann sie in Stücke gebrochen werden.

Die Schokolade ist 6 Wochen kühl und dunkel gelagert haltbar.

Naschkästchen
Übertragen Sie die Vorlage auf Scrapbook-Papier und schneiden Sie die durchgezogenen Linien mit der Schere oder dem Cutter. Den gewellten Rand mithilfe einer Konturenschere oder eines Rollschneiders in Form bringen. Achten Sie dabei darauf, dass der Konturenverlauf am Anfang und Ende einer Kante gleichmäßig abschließt.

Falzen Sie das Papier entlang den gestrichelten Linien vor und falten Sie es dann. Anschließend mit der flachen Seite des Falzbeins den Falz glatt streichen. Die Laschen mit doppelseitigem Klebeband bekleben und das Schälchen zusammenkleben.

Legen Sie das Schälchen großzügig mit Seidenpapier aus und befestigen Sie ein kleines Schildchen aus Karton mit einer Klammer an einem der Ränder.

Zutaten
125 g Zartbitter-schokolade
125 g Vollmilch-schokolade
50 g gebrannte Mandeln
75 g getrocknete Cranberries
75 g Studentenfutter

1 Std. Zubereitung
6 Std. Trockenzeit

Würzschnitten

Würzschnitten
schnell gemacht

Geben Sie den Honig mit dem Zucker und der Butter in einen Topf und lassen Sie alles schmelzen. Füllen Sie die Masse in eine Rührschüssel und stellen Sie sie kalt.

Die Eier, das Lebkuchengewürz, die Orangenschale und den Zimt mit den Rührbesen eines Handrührgeräts auf höchster Stufe unter die gekühlte Honigmasse rühren. Das Mehl mit Backpulver und Kakao mischen und mit dem Handrührgerät auf mittlerer Stufe abwechselnd mit der Milch unter die Honigmasse rühren. Zitronat und Orangeat sehr fein hacken und zusammen mit den Haselnüssen unter den Teig heben.

Heizen Sie den Backofen auf 180 °C (Umluft 160 °C) vor. Legen Sie ein Backblech mit Backpapier aus, verteilen Sie den Teig gleichmäßig darauf und lassen Sie ihn auf der mittleren Schiene etwa 30 Minuten backen. Schneiden Sie den Teig noch heiß in Würfel und lassen Sie ihn auskühlen.

Für die Hexenhäuschen schlagen Sie das Eiweiß steif und lassen den gesiebten Puderzucker unter Rühren einrieseln. Mit dem Puderzuckerguss je zwei Waffeln als Dach festkleben.

Am besten schmecken die Würzschnitten, wenn man sie sofort isst. Sie sind aber luftdicht, kühl und trocken gelagert 3 Wochen haltbar.

Die Verpackungsidee für die Würzschnitten finden Sie auf Seite 26/27.

Zutaten für 60 Stück
350 g Honig
120 g Zucker
200 g Butter
2 Eier
1 EL Lebkuchengewürz
1 TL abgeriebene Orangenschale
2 TL Zimt
500 g Mehl
1 Päckchen Backpulver
1 EL Kakao
125 ml Milch
150 g Zitronat
100 g Orangeat
100 g gehackte Haselnusskerne

Außerdem
1 Eiweiß
200 g Puderzucker
120 Schokoladenwaffelkekse

30 Min. Zubereitung
30 Min. Backzeit
1 Std. Verzierzeit

Geschenkhäuschen
für die Würzschnitten

Übertragen Sie die Vorlage auf den farbigen Karton und schneiden Sie die Außenlinien mit der Schere oder dem Cutter aus. Für die Falze legen Sie ein Lineal an die gestrichelten Linien und fahren diese mit dem Falzbein nach. An den entstandenen Rillen lässt sich der Karton einfach und sauber falten. Anschließend mit der flachen Seite des Falzbeins den Falz glatt streichen. Die gepunkteten Linien falzen Sie von der Kartonrückseite!

Das Sichtfenster mit der Schere oder dem Cutter ausschneiden. Auf der Innenseite der Schachtel kleben Sie um das Fenster doppelseitiges Klebeband und bedecken es anschließend mit durchsichtiger Folie.

Bekleben Sie die Laschen mit doppelseitigem Klebeband und verbinden Sie zunächst die seitliche Lasche mit der Seitenwand. Fixieren Sie danach den Boden.

Für die Dekoration ein kleines Spitzenpapier in der Mitte falten und über die Schachtelöffnung stülpen. Als Anhänger dient ein einfacher Kartonstreifen (3 cm breit, ca. 15 cm lang), den Sie beschriften, ebenfalls über die Öffnung stülpen und mit einer kleinen Holzklammer fixieren.

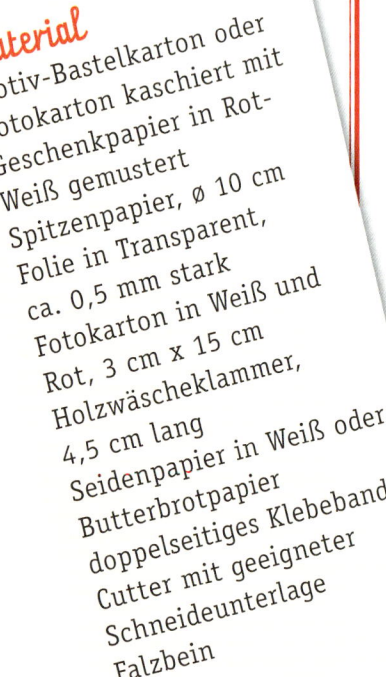

Material

Motiv-Bastelkarton oder Fotokarton kaschiert mit Geschenkpapier in Rot-Weiß gemustert
Spitzenpapier, ø 10 cm
Folie in Transparent, ca. 0,5 mm stark
Fotokarton in Weiß und Rot, 3 cm x 15 cm
Holzwäscheklammer, 4,5 cm lang
Seidenpapier in Weiß oder Butterbrotpapier
doppelseitiges Klebeband
Cutter mit geeigneter Schneideunterlage
Falzbein

Vorlage Seite 106

Nuss und Mandelkern

„Apfel, Nuss und Mandelkern, mögen alle Kinder gern", dichtet der Volksmund frei nach Theodor Storms Weihnachtsballade „Knecht Ruprecht". Aus Walnüssen, Haselnüssen und Mandeln entstehen zarte Versuchungen, die nicht nur den Kleinen schmecken.

Nuss und Mandelkern
sind – zusammen mit Äpfeln
und Orangen – nicht nur beliebte
Gaben auf dem Weihnachtsteller.
Aus ihnen lassen sich auch himmlisch
zarte Baisers, verführerische
Mandeltörtchen und feiner
Nougatlikör machen.

Walnuss-Baisers
orientalisch gewürzt

Hacken Sie zuerst die Walnüsse. Die Eiweiß mit dem Salz steif schlagen, dann den Zucker einrieseln lassen und weitere 10 Minuten schlagen. Mit einem Esslöffel die gehackten Walnüsse und den Kardamom unterheben.

Mithilfe von 2 Teelöffeln auf ein mit Backpapier belegtes Blech kleine Häufchen setzen. Dann im auf 150 °C vorgeheizten Backofen bei Ober- und Unterhitze etwa 30 Minuten backen. Da die Baisers trocknen müssen, ist Umluft hier nicht geeignet.

Die Baisers sind 4 Wochen trocken gelagert haltbar.

Tipp: Aus den Baisers können Sie auch eine Variante für Kids herstellen. Wenn Sie mal 2 Eiweiß übrig haben, können Sie wie oben beschrieben auch Müsli-Baiser backen. Schokomüsli ist bei Schokofans sehr beliebt, aber auch alle anderen Müslimischungen erfreuen große und kleine Naschkatzen.

Die Verpackungsidee für die Walnuss-Baisers finden Sie auf Seite 34/35.

Zutaten für 40 Stück

150 g Walnusskerne
2 Eiweiß
1 Prise Salz
125 g Zucker
1 TL gemahlener Kardamom

30 Min. Zubereitung
30 Min. Backzeit

Feine Geschenkkästchen für die Walnuss-Baisers

Material

Fotokarton in Rosa und Creme
Scrapbook-Papier, 190 g/m²
Seidenpapier in Weiß oder Butterbrotpapier
Schlagmetall in Gold
Anlegemilch
Baumwollkordel in Rosa-Weiß
Satinbänder in Rosa
Zackenlitze in Rosa
doppelseitiges Klebeband
Cutter mit geeigneter Schneideunterlage
Falzbein
Konturenschere
Motivlocher: Kreis, ø 3,5 cm
weicher Pinsel

Vorlage Seite 107

Übertragen Sie die Vorlage auf Fotokarton und schneiden Sie die durchgezogenen Linien mit der Schere oder dem Cutter. An die gestrichelten Linien ein Lineal anlegen und diese mit dem Falzbein nachziehen. An diesen entstandenen Rillen lässt sich der Karton einfach und sauber falten. Anschließend können Sie mit der flachen Seite des Falzbeins den Falz glatt streichen.

Bekleben Sie die Innenseiten der äußersten seitlichen Laschen mit doppelseitigem Klebeband. Legen Sie den Faltbogen so vor sich, dass das Rechteck ohne Laschen vor Ihnen liegt. Dieses Rechteck dient der Stabilisierung und verschwindet im Schachtelinneren. Klappen Sie es auf das angrenzende Rechteck. Diese doppelwandige Fläche bildet die Schachtelvorderseite.

Dann klappen Sie die Schachtelvorder- und -rückseite um 90° nach oben und stellen die kurzen Laschen im rechten Winkel auf. Die beklebten Laschen können Sie nun darüberstülpen.

Die Schachtel mit Seidenpapier auslegen und mit den Baisers befüllen. Um die Schachteln können Sie nun Banderolen aus farbigem Papier oder Karton kleben (auf der Unterseite der Schachtel zusammenfügen) und dekorative Schleifen binden. Wie Sie Papier mit Schlagmetall verzieren, erfahren Sie auf Seite 75.

Nougatlikör
sahnig und schokoladig

Halbieren Sie die Vanilleschote längs mit einem Küchenmesser und kratzen Sie das Mark heraus. Lösen Sie das Kaffeepulver mit etwas Wodka auf.

Die Nuss-Nougat-Creme, den gesiebten Puderzucker, Zimt, Vanillemark und das angerührte Kaffeepulver in einem Mixer mixen. Den restlichen Wodka langsam unter Rühren zufügen, bis eine homogene Masse entstanden ist.

Den Likör zum Durchziehen über Nacht in den Kühlschrank stellen. Schlagen Sie die Sahne leicht an und anschließend mit dem Wodkaansatz zu einer cremigen Flüssigkeit auf. Nun können Sie den Nougat-Likör in Flaschen füllen und hübsch verpacken.

Der Likör ist etwa 3 Monate im Kühlschrank haltbar.

Tipp: Anstelle von Wodka können Sie auch Weinbrand oder Rum verwenden.

Die Verpackungsidee für den Nougatlikör samt einer kleinen Geschenkidee finden Sie auf Seite 38/39.

Zutaten für 2 Flaschen à 500 ml

1 Vanilleschote
2 EL löslicher Kaffee
600 ml Wodka
250 g Nuss-Nougat-Creme
80 g Puderzucker
¼ TL Zimtpulver
200 ml süße Sahne

30 Min. Zubereitung
13 Std. Kühlzeit

Hauchzarte Banderole
für den Nougatlikör

Banderole

Schneiden oder stanzen Sie 6 bis 8 Kreise in unterschiedlichen Größen aus Transparentpapier und weißem Karton. Beschriften Sie den größten Kreis und ordnen Sie die anderen Kreise auf beiden Seiten so an, dass eine harmonische Reihe entsteht. Sie können auch zwei unterschiedlich große Kreise übereinanderlegen. Die Länge der Banderole sollte den Flaschenumfang nicht überschreiten.

Beginnen Sie mit einem der äußeren Kreise und setzen Sie mit der Nähmaschine eine Naht in der Mitte. Vor dem letzten Maschinenstich legen Sie den folgenden Kreis an und nähen weiter, bis Sie alle Kreise durch die Naht miteinander verbunden haben. Verknoten Sie die Fadenenden.

Legen Sie das Etikett um den Flaschenbauch und verknoten Sie die Fadenenden auf der Rückseite, diese können danach abgeschnitten werden. Sollte das Etikett hinunterrutschen, helfen kleine Stücke doppelseitiges Klebeband auf den Rückseiten der nichttransparenten Kreise.

Girlande

Diese Girlande ist ein sehr dekoratives Geschenk und zudem genauso einfach und schnell herzustellen wie das Etikett.

Für eine 80 cm lange Girlande, benötigen Sie etwa 7 große Kreise (ø 5 cm), etwa 10 mittlere Kreise (ø 3,5 cm), 9 kleine Kreise (ø 2,5 cm) und 6 Mini-Kreise (ø 1,8 cm). Dies sind nur ungefähre Angaben, die tatsächliche Anzahl der Kreise hängt davon ab, wie häufig doppel- und dreilagige Kreise verwendet werden. Nähen Sie die Kreise wie oben beschrieben aneinander. Um die Girlande aufhängen zu können, befestigen Sie an einem äußeren Kreis eine Öse und ziehen einen Faden durch.

Material

Banderole

festes Transparentpapier in Weiß
Karton in Weiß
Nähgarn in Weiß
doppelseitiges Klebeband
Farbstifte
Motivlocher: Kreis, ø 5 cm, 3,5 cm, 2,5 cm und 1,8 cm
Nähmaschine

Zusätzlich für die Girlande

Öse
Ösenzange

Mandeltörtchen

süß und saftig

Geben Sie bis auf die Konfitüre und Mandelblättchen alle Zutaten in eine Rührschüssel und verkneten Sie sie zu einem Mürbeteig. Den Teig in Frischhaltefolie eingewickelt im Kühlschrank 1 Stunde ruhen lassen.

Eine kleine Springform (ø 20 cm) einfetten. Zwei Drittel des Teiges ausrollen und damit die Springform auskleiden. Achten Sie dabei darauf, einen kleinen Rand von 1 cm hochzuziehen. Das Gelee auf dem Teig verteilen. Danach die Mandelblättchen darüberstreuen. Den restlichen Teig ebenfalls ausrollen und in Streifen schneiden und gitterförmig auf dem Kuchen verteilen. Im auf 180 °C vorgeheizten Backofen 30–40 Minuten backen.

Lassen Sie den Kuchen zwei Tage durchziehen, bevor Sie ihn essen oder verschenken. Der Kuchen ist gut gekühlt 1 Woche haltbar.

Die Verpackungsidee für das Mandeltörtchen finden Sie auf Seite 42/43.

Zutaten für 8 Stück (1 Törtchen ø 20 cm)

120 g Mehl
120 g Zucker
130 g weiche Butter
100 g gemahlene, abgezogene Mandeln
1 Päckchen Vanillezucker
1 Msp. gemahlene Nelken
1 TL Zimt
1 TL Backpulver
1 EL Kakao
2 EL Kirschwasser
150 g Johannisbeergelee oder andere rote Konfitüre
3 EL Mandelblättchen

50 Min. Zubereitung (ohne Kühl- und Ruhezeit)
30–40 Min. Backzeit

Frohe Weihnachten!

Edle Kuchenschachtel
für das Mandeltörtchen

Die Vorlage passt für einen Kuchen (ø 20 cm) mit einer Höhe von 3 cm. Übertragen Sie die Vorlage auf den braunen Karton. Die äußere Kontur mit der Schere oder dem Cutter schneiden. Den Karton entlang den gestrichelten Linien mithilfe eines Falzbeins vorfalzen und anschließend falten.

Für die Gestaltung des Deckels reißen Sie Tonpapier grob zurecht, sodass eine abstrakte Landschaft entsteht. Wenn Sie mit der Form zufrieden sind, kleben Sie das gerissene Tonpapier mit Sprühkleber (den Untergrund großzügig mit Zeitungspapier bedecken, um ihn vor dem Sprühnebel zu schützen) auf die untere Hälfte des Deckels und die seitlichen Laschen. Die Laschen müssen dabei gefaltet sein, da beim Falten nach dem Kleben eine zu große Spannung entstehen würde. Mit dem Spitzenpapier verfahren Sie in der gleichen Weise. Am Ende die überstehenden Papierreste wegschneiden.

Kopieren Sie den spiegelverkehrten Elch auf weißes Papier und schneiden Sie ihn aus. Kleben Sie ihn auf den Deckel.

Für die Montage der Schachtel bekleben Sie die zwei äußeren, langen Laschen (seitlich des Bodens) mit doppelseitigem Klebeband. Klappen Sie die Schachtelvorder- und -rückseite nach oben und stellen Sie die kurzen Laschen im rechten Winkel auf. Nun können Sie die langen Laschen über die kurzen stülpen und die entstandenen Seitenwände festdrücken.

Um den Karton vor Fettflecken zu schützen, bedecken Sie den Boden mit Pappe und legen ihn großzügig mit Seiden- oder Butterbrotpapier aus. Zum Schluss verschließen Sie die Schachtel mit einem schönen Geschenkband.

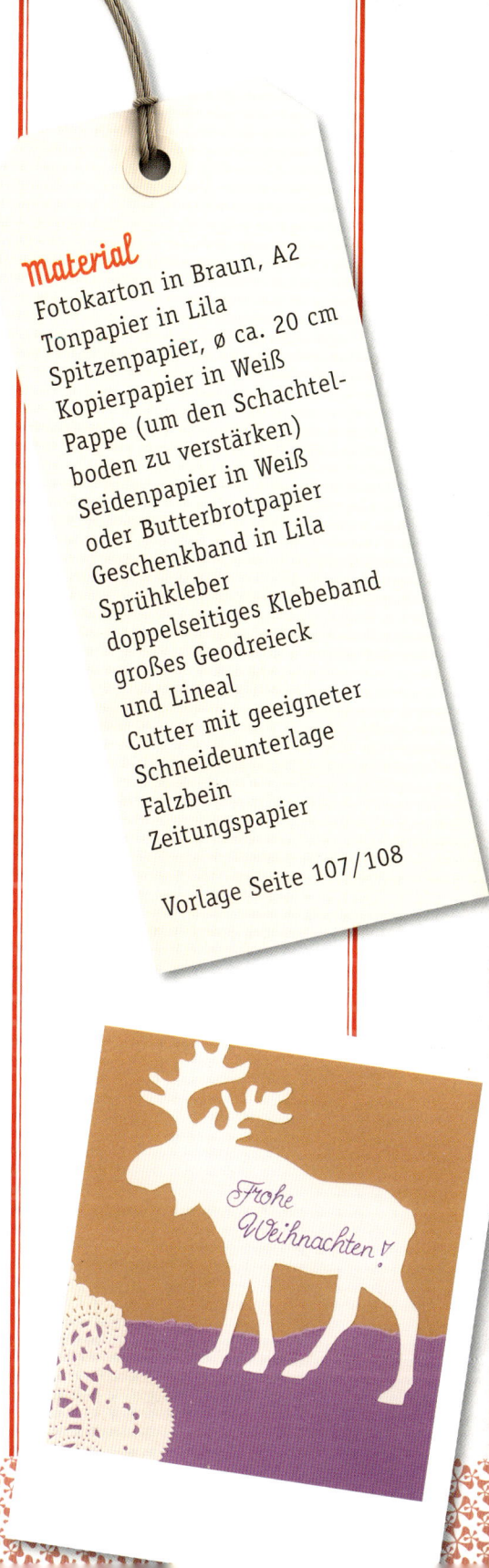

Material
Fotokarton in Braun, A2
Tonpapier in Lila
Spitzenpapier, ø ca. 20 cm
Kopierpapier in Weiß
Pappe (um den Schachtelboden zu verstärken)
Seidenpapier in Weiß oder Butterbrotpapier
Geschenkband in Lila
Sprühkleber
doppelseitiges Klebeband
großes Geodreieck und Lineal
Cutter mit geeigneter Schneideunterlage
Falzbein
Zeitungspapier

Vorlage Seite 107/108

Frohe Weihnachten!

Gefüllte Walnüsse & gebrannte Mandeln
raffinierte Leckerbissen

Gefüllte Walnüsse

Die Rosinen in dem Calvados am besten über Nacht einlegen. Die Kuvertüre hacken und in einer Schüssel über dem warmen Wasserbad schmelzen, etwas abkühlen lassen. Die Rosinen abtropfen lassen. Fangen Sie dabei die Einweichflüssigkeit auf.

Die Rosinen werden fein gehackt und mit Marzipanrohmasse, Muskat und ein wenig Einweichflüssigkeit zu einem geschmeidigen Teig verknetet. Daraus formen Sie Stücke, die zwischen zwei Walnusshälften gedrückt werden. Die gefüllte Walnuss ganz oder zur Hälfte in die Kuvertüre tauchen und dann auf Backpapier trocknen lassen.

Die gefüllten Walnüsse sind trocken und dunkel gelagert 4 Wochen haltbar.

Gebrannte Mandeln

Die Mandeln, den Zucker, den Zimt und das Wasser in eine mikrowellengeeignete Form geben. Bei voller Leistung (600 Watt) 2 Minuten garen. Nehmen Sie die Mandeln dann heraus, rühren Sie um und garen Sie sie weitere 2 Minuten.

Dies wird noch 1- bis 3-mal wiederholt. Dann die Mandeln auf einem Blech verteilen und erkalten lassen. Die kalten Mandeln in Puderzucker oder Kakaopulver wälzen, so kleben sie weniger aneinander.

Die Mandeln sind trocken und dunkel gelagert 4 Wochen haltbar.

Die Verpackungsidee für die Nüsse finden Sie auf Seite 46/47.

Zutaten für 25 Walnüsse

50 g Rosinen
50 ml Calvados
200 g Zartbitter-Kuvertüre
100 g Marzipan-Rohmasse
1 Msp. geriebener Muskat
250 g Walnusskerne

40 Min. Zubereitung (ohne Einweichzeit)
1 Std. Trockenzeit

Zutaten für 60–80 Mandeln

200 g ungeschälte Mandeln
4 EL brauner Zucker
1 TL Zimt
4 EL Wasser
Puderzucker und/oder Kakao zum Wälzen

15 Min. Zubereitung
1 Std. Trockenzeit

Nostalgische Krämertüten

für Mandeln und Walnüsse

Material
Geschenkpapier in Braun oder Rot, 21 cm x 20 cm
Papierspitze, ø ca. 20 cm
Sprühkleber
Klebestift
Konturenschere
Zeitungspapier

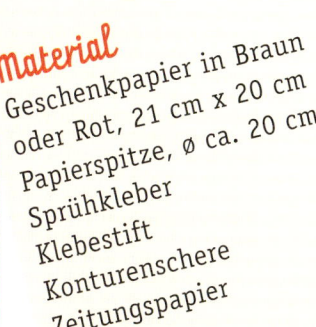

Schneiden Sie aus Geschenkpapier Rechtecke in der Größe 21 cm x 20 cm. Davon schneiden Sie zwei Seiten des Rechtecks mit der Konturenschere, diese Seiten bilden die Öffnung der Tüte.

Benetzen Sie die Rückseite der Papierspitze mit Sprühkleber (den Untergrund großzügig mit Zeitungspapier bedecken, um ihn vor dem Sprühnebel zu schützen) und kleben Sie die Papierspitze auf das Geschenkpapier. Achten Sie darauf, dass die Papierspitze auf den beiden Seiten des Rechtecks auf gleicher Höhe abschließt. Die überstehende Papierspitze schneiden Sie ab. Bestreichen Sie eine der geraden Schnittkanten mit einem Klebestift und kleben Sie die zweite gerade Schnittkante darauf.

für dich

Weihnachts-
gewürze

Jetzt ist wieder die Zeit von Zimt, Kardamom & Co. Wenn es überall nach Tanne, Glüh-wein und exotischen Gewürzen duftet, ist Weihnachten nicht mehr weit. In früheren Zeiten nannte man die exotischen Ge-würze „Pfeffer", daher haben Pfefferkuchen ihren Namen.

GLÜHWEINTEE
MISCHUNG

FROHE WEIHNACHTEN!

Wie gut das duftet!
Nelken, Piment, Anis,
Koriander, Zimt, Kardamom und
Ingwer sind typische Zutaten der
Weihnachtsbäckerei. Sie wecken
im Nu Kindheitserinnerungen und
geben Himbeerherzen, Zimttalern
und Lebkuchenmännern ihren
Festtagsgeschmack.

Himbeerherzen
weihnachtlich gewürzt

Die Haselnüsse in einer Pfanne rösten. Wenn sie duften, die gemahlenen Haselnüsse auf einen Teller geben und mit Zimt, Kardamom und Muskat würzen. Zucker mit Butter, Eiern und Eigelben schaumig schlagen. Mehl und Nüsse unterkneten und den Teig in Folie gewickelt 1 Stunde kalt stellen.

Rollen Sie den Teig aus und stechen Sie die Herzen aus. Aus der Hälfte der Herzen werden mit einem kleineren Herzausstecher mittig weitere Herzen ausgestochen. Die Plätzchen auf ein mit Backpapier ausgelegtes Blech legen und im auf 200 °C vorgeheizten Backofen etwa 10 Minuten backen, dann auskühlen lassen.

Erwärmen Sie die Konfitüre leicht und streichen Sie sie eventuell durch ein Sieb. Konfitüre auf die Plätzchen ohne Loch streichen. Die Herzen mit Loch mit Puderzucker bestäuben, dann auf die Marmeladen-Plätzchen setzen und trocknen lassen.

Für die kleinen Herzen wird eine Glasur aus Rote-Bete-Saft und Puderzucker zubereitet. Damit bestreichen Sie die Herzchen und lassen sie trocknen. Zum Schluss die Unterseite eines kleinen Herzens mit der Konfitüre bestreichen und ein zweites mit der Unterseite andrücken.

Die Kekse sind 4 Wochen trocken und kühl gelagert haltbar.

Die Verpackungsidee für die Himbeerherzen finden Sie auf Seite 54/55.

Zutaten für 60 Stück

200 g gemahlene Haselnüsse
1 TL Zimt
1 Prise Kardamom
1 Prise geriebener Muskat
250 g Zucker
250 g Butter
2 Eier
2 Eigelbe
400 g Mehl
250 g Himbeerkonfitüre
100 g Puderzucker
1 EL Rote-Bete-Saft

1 Std. Zubereitung
12 Min. Backzeit

Zuckersüße Schachteln
für die Himbeerherzen

Übertragen Sie die Vorlage auf Karton und schneiden Sie die durchgezogenen Konturen mit der Schere oder dem Cutter. Für die Falze legen Sie ein Lineal an den gestrichelten Linien an und fahren diese mit dem Falzbein nach. An diesen entstandenen Rillen lässt sich der Karton einfach und sauber falten. Anschließend können Sie mit der flachen Seite des Falzbeins über den Falz streichen und den Karton glatt streichen.

Schneiden Sie das runde Sichtfenster mit der Schere oder dem Cutter aus dem Karton. Auf der Innenseite der Schachtel kleben Sie um das Fenster doppelseitiges Klebeband und bedecken anschließend das Sichtfenster mit durchsichtiger Folie. Für die Rosette stanzen Sie aus Fotokarton farbige „Blumen", aus deren Mitte Sie Kreise in der Größe des Sichtfensters schneiden oder stanzen. Die nun entstandenen Rahmen kleben Sie über die Sichtfenster auf den Faltbogen.

Die Laschen nun mit doppelseitigem Klebeband bekleben und die Schachtel montieren. Schieben Sie die beiden eingeschnittenen Verschlusslaschen ineinander. So ist die Schachtel einfach und dekorativ verschlossen.

Stanzen oder schneiden Sie die Anhänger in Form eines Herzens aus und schreiben bzw. stempeln Sie den Schriftzug „für dich" darauf.

Material

Motiv-Bastelkarton in Rosa
Fotokarton in Pink
Folie in Transparent, ca. 0,5 mm stark
Baumwollkordel in Rosa-Weiß
doppelseitiges Klebeband
Klebestift
Motivlocher: Herz, ca. 4,5 cm hoch, Blume, ø 6,2 cm, Kreis, ø 5 cm
Stempel „für dich"
Stempelfarbe in Weiß und Rosa
Cutter mit geeigneter Schneideunterlage
Falzbein

Vorlage Seite 109

Zimttaler
mit Haselnussrand

Die Haselnüsse in einer Pfanne rösten. Wenn sie anfangen zu duften, die Haselnüsse auf einen Teller geben. Stellen Sie 60 g beiseite und hacken Sie den Rest fein.

Ein Ei trennen, dann Butter, Zucker, Vanillezucker, ein ganzes Ei und das Eigelb schaumig schlagen. Kakao, Zimt, Salz und fein gehackte Haselnüsse unterrühren. Mehl mit Backpulver mischen und unterkneten.

Formen Sie den Teig zu Rollen mit 3 cm Durchmesser, wickeln Sie ihn in Frischhaltefolie und stellen Sie ihn über Nacht im Kühlschrank kalt.

Schlagen Sie das Eiweiß an, bepinseln Sie die Teigrollen damit und wälzen Sie sie in den Haselnüssen. Schneiden Sie ca. 5 mm dicke Scheiben und backen Sie sie auf einem mit Backpapier belegten Blech im auf 180 °C vorgeheizten Backofen etwa 15 Minuten. Dann die Taler auskühlen lassen und verpacken.

Die Taler sind trocken gelagert 6 Wochen haltbar.

Tipp: Den Teig für die Zimttaler können Sie auch ausrollen und Sterne ausstechen. Die Backzeit ist mit der oben angegebenen identisch. Sehr hübsch sieht es aus, wenn die Sterne mit einem feinen Muster aus Zuckerguss verziert werden.

Die Verpackungsidee für die Zimttaler finden Sie auf Seite 58/59.

Zutaten für 60 Stück

140 g gehackte Haselnüsse
2 Eier
80 g Butter
180 g brauner Zucker
1 Päckchen Vanillezucker
1 TL Kakao
1 TL Zimt
1 Prise Salz
350 g Mehl (Type 405)
1 TL Backpulver

40 Min. Zubereitung (ohne Kühlzeit)
15 Min. Backzeit

Edle Kekstüten
für die Zimttaler

Übertragen Sie die Vorlage auf Transparentpapier und schneiden Sie die durchgezogenen Linien mit der Schere oder dem Cutter. An die gestrichelten Linien legen die das Lineal an und fahren diese mit dem Falzbein nach. An diesen entstandenen Rillen lässt sich das Papier einfach und sauber falten. Bekleben Sie die Laschen mit doppelseitigem Klebeband und kleben Sie zuerst die lange seitliche Lasche an die Seitenwand. Erst danach montieren Sie den Boden.

Für den Anhänger benötigen Sie einen Kartonkreis (ø 6,5 cm), den Sie so oft mit Anlegemilch bestreichen, bis sich ein milchiger Film auf dem Karton bildet. Lassen Sie diesen Film etwa 15 Minuten antrocknen und bedecken Sie ihn anschließend mit silbernem Schlagmetall. Das Schlagmetall ist sehr empfindlich und kann schnell reißen. Tupfen Sie es mit einem weichen Pinsel vorsichtig auf den Untergrund. Überschüssiges Blattmetall lässt sich mit dem Pinsel abstreifen.

Stecken Sie weiße Bügelperlen in Form eines Eiskristalls (siehe Abbildung) auf eine Steckplatte und bügeln Sie das Motiv solange, bis die einzelnen Perlen miteinander verschmolzen sind.

Bohren Sie durch eine der äußersten Bügelperlen eine Öffnung und stanzen Sie in den runden Anhänger ein Loch. Binden Sie beides mit dem schmalen Satinband zusammen.

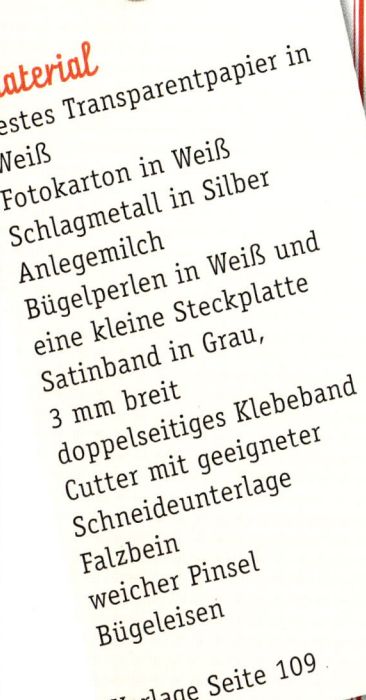

Material

festes Transparentpapier in Weiß
Fotokarton in Weiß
Schlagmetall in Silber
Anlegemilch
Bügelperlen in Weiß und eine kleine Steckplatte
Satinband in Grau, 3 mm breit
doppelseitiges Klebeband
Cutter mit geeigneter Schneideunterlage
Falzbein
weicher Pinsel
Bügeleisen

Vorlage Seite 109

Kleine Warenkunde
Weihnachtsgewürze

Zimt

Das Weihnachtsgewürz Nr. 1 – als Pulver oder als Stange im Handel erhältlich. Es handelt sich bei Zimt um die abgeschälte und getrocknete Rinde dünner Zweige des Zimtbaumes. Man unterscheidet zwischen Ceylon-Zimt und dem weniger aromatischen Kassia-Zimt.

Sternanis

Zimt

Vanille

Sternanis

Dieses Gewürz hat seinen Namen seinem Aussehen und Geschmack zu verdanken. Sternanis ist aber nicht mit Anis verwandt, sondern ist die getrocknete Frucht eines in Südchina weit verbreiteten, bis 8 m hohen Baumes.

Vanille

Die Vanillestange wird häufig als Königin der Gewürze bezeichnet und ist nach Safran das zweitteuerste Gewürz der Welt. Ihr typisches Aroma macht die Vanillestange zum beliebtesten Süßspeisengewürz.

Kardamom

Schwarze Samen in einer grünen Kapsel sind die eindeutigen Erkennungszeichen für Kardamom, der häufig gemahlen zu kaufen ist oder sich in Gewürzmischungen wie Lebkuchen- und Spekulatiusgewürz versteckt.

Macis

Macis oder auch Muskatblüte ist der Samenmantel, der den Kern umgibt. Das gelbliche Pulver schmeckt ein wenig milder als Muskat und hat daher in der Gourmetküche einen hohen Stellenwert.

Kardamom

Muskat

Macis

Muskat

Muskat erinnert uns im Aussehen an eine Nuss, auch wenn es sich in Wirklichkeit um den Kern einer pfirsichartigen Frucht handelt. Gemahlen verliert Muskat sehr schnell sein Aroma. Verwenden Sie nicht mehr, als im Rezept angegeben ist, sonst wirkt er dominant.

Lebkuchenmann

beliebt bei Klein und Groß

Den Honig mit dem Zucker und der Butter langsam erhitzen, bis sich der Zucker aufgelöst hat. Geben Sie alles in eine Schüssel und lassen Sie es etwas abkühlen. Das Mehl und das Backpulver gut vermischen und das Ei trennen. Die Mehlmischung, das Eigelb, die Zitronenschale, den Kakao, die Gewürze und das Salz unter die noch lauwarme Honigmasse rühren.

Kneten Sie alle Zutaten auf einer leicht bemehlten Arbeitsfläche zu einem glatten Teig und rollen Sie diesen etwa 1 cm dick aus. Die Figuren mit einer großen Form ausstechen oder alternativ eine Papierschablone anfertigen und mit einem Teigrad oder Messer umfahren. Die Lebkuchenmänner auf ein mit Backpapier belegtes Backblech legen. Im auf 180 °C vorgeheizten Ofen 15–20 Minuten backen und auskühlen lassen.

Schlagen Sie das Eiweiß steif und rühren Sie den Puderzucker unter. Eventuell können Sie den Guss teilweise mit Lebensmittelfarbe färben. Die Figuren mit farbigem und/oder weißem Guss bemalen und nach Belieben mit bunten Schokolinsen verzieren, anschließend trocknen lassen.

Die Lebkuchenmänner sind trocken gelagert 3 Wochen haltbar.

Die Verpackungsidee für die Lebkuchenmänner finden Sie auf Seite 64/65.

Zutaten für 3 Stück
150 g Honig
80 g brauner Zucker
50 g Butter
250 g Mehl
2 TL Backpulver
1 Ei
abgeriebene Schale
von 1/2 Zitrone
1 TL Kakao
1 TL Zimt
2 TL Lebkuchengewürz
1 Prise Salz
200 g Puderzucker
nach Belieben Lebensmittelfarbe
bunte Schokolinsen
zum Verzieren

1 Std. Zubereitung
20 Min. Backzeit

Weihnachtstäschchen für den Lebkuchenmann

Zunächst pausen Sie die Konturen der Sternvorlage mit dem Bleistift auf Transparentpapier. Danach legen Sie die Zeichnung mit der Graphitseite auf einen Radiergummi (die Oberfläche sollte glatt und unbeschädigt sein) und reiben mit dem Fingernagel darüber, bis das Motiv komplett auf den Gummi übertragen ist.

Der Gummi kann danach schon grob auf die Motivgröße zugeschnitten werden. Schnitzen Sie mit dem feinsten Messer die Außenkontur des Motivs (mit leichtem Druck das Schnitzwerkzeug vom Körper wegbewegen). Danach können Sie das überstehende Gummi mit dem Cutter oder mit einem breiteren Schnitzmesser wegschneiden.

Wenn die komplette Kontur geschnitten ist, können Sie den Stempel auf ein Stempelkissen drücken, um einen ersten Probedruck durchzuführen. Dabei werden meist noch kleine Gummireste sichtbar, die leicht mit dem Messer entfernt werden können. Wenn alle Reste entfernt sind, betupfen Sie den Stempel mit weißer Stempelfarbe und bestempeln die Papiertaschen.

Legen Sie die Tüten mit weißem Seidenpapier aus. Die Henkel können mit rotem Geschenkband, einem Geschenkanhänger und einem Glöckchen geschmückt werden.

Material

Papiertaschen in Braun, ca. 16 cm x 16 cm
Schleifenband in Rot, 1 cm breit
Metallglöckchen, ø 1,9 cm und 3 cm
Geschenkanhänger (8 x 3,8 cm) mit brauner Lochverstärkung
Stempelfarbe in Weiß
Seidenpapier in Weiß oder Butterbrotpapier
Radiergummi oder Stempelgummi mit unbeschädigter Oberfläche
Transparentpapier
Bleistift
Linolschnitt-Garnitur

Vorlage Seite 109

Glühweintee
für gemütliche Stunden

Glühweintee

Die Zimtstangen zerbrechen. Die getrockneten Blüten und Früchte mit Sternanis, zerkleinerten Zimtstangen und Nelken vermengen und in Gläschen füllen.

Die Glühweintee-Mischung ist 1 Jahr kühl und trocken gelagert haltbar.

Etikett

Schneiden Sie 7 cm x 4 cm große Rechtecke aus Packpapier aus und bestempeln Sie diese. Denken Sie daran, dass Sie den Text spiegelverkehrt von rechts nach links setzen. Mit farbigem Masking-Tape lassen sich die Etiketten ganz einfach und dekorativ an den Gläsern befestigen.

Filzmanschetten

Übertragen Sie die Vorlage auf den Filz und schneiden Sie die Manschettenform mit der Schere aus. Besticken Sie den unteren Rand mit einem einfachen, aber dekorativen Stich.

Die Naht sollte parallel zur Filzkante in einem Abstand von etwa 5 mm verlaufen. In der Mitte der Strecke sticken Sie ein Herz in den Filz und führen danach die Naht am unteren Rand weiter. Ist der komplette Rand bestickt, führen Sie die beiden Manschettenenden zusammen und verbinden diese mit einem Leiter- oder Kreuzstich.

Material

Etiketten

Packpapier
Stempelfarbe in Schwarz
Masking-Tape in Rot-Weiß gemustert
Textstempel zum Selbersetzen

Filzmanschetten

Filz in Dunkelrot und Champagner, 3 mm stark
Baumwollgarn in Weiß und Dunkelrot
Nähnadel

Vorlage Seite 108

Zutaten für 4 Gläschen

2 Zimtstangen
je eine Handvoll getrocknete Hibiskusblüten, Apfelstückchen und Hagebuttenschalen
5 EL getrocknete Erdbeerstückchen
3 EL getrocknete Holunderbeeren
2 EL getrocknete rote Johannisbeeren
5 Sternanise
10 Nelken

5 Min. Zubereitung

Geistreiche Genüsse

Zum Ausklang eines ereignisreichen Tages tragen ein köstlicher Likör oder andere „geistreiche" Genüsse zu einem wärmenden Wohlgefühl bei. Besonders lecker sind die alkoholischen Köstlichkeiten, wenn Sie aus feinen Zutaten selbst gemacht sind.

Auf amerikanischen Christmas-Partys darf „homemade eggnog" nicht fehlen. Unsere Variante des Eierlikörs ist mit Sanddornmark verfeinert. Auch Punsch-Muffins und köstliche Marzipandatteln werden selbst verwöhnten Gaumen schmecken.

Punsch-Muffins
köstlich mit Glühwein

Heizen Sie den Backofen auf 180 °C vor und setzen Sie die Backpapierförmchen in die Vertiefung des Blechs. Den Rotwein mit dem Glühweingewürz erhitzen, wieder abkühlen lassen und den Beutel entfernen. Eier, Zucker, Vanillezucker, Zimt und Rapsöl aufschlagen, den Joghurt und den Rotwein unterrühren. Dann werden Mehl, Schokoblättchen, Kakao, Backpulver und Natron vermischt und unter die Eiermasse gerührt. Den Teig in die Vertiefungen des Muffinblechs füllen und auf mittlerer Schiene etwa 20 Minuten backen.

Für den Guss verrühren Sie das Kakaopulver mit 1 EL kochend heißem Wasser. Schlagen Sie die Butter auf und geben Sie die Kakaomasse sowie 100 g Puderzucker löffelweise dazu. Mit dieser Masse werden die Muffins bestrichen.

Den restlichen Puderzucker mit dem Rohmarzipan verkneten und dünn ausrollen. Mit einem kleinen Ausstecher weihnachtliche Figuren ausstechen und auf die Muffins setzen.

Die Muffins sind 2 Tage im Kühlschrank haltbar.

Die Verpackungsidee für die Punsch-Muffins finden Sie auf Seite 74/75.

Zutaten für 12 Stück
100 ml Rotwein
1 Beutel Glühweingewürz
2 Eier
120 g Zucker
1 Päckchen Vanillezucker
½ TL Zimt
120 ml Rapsöl
200 g Vollmilchjoghurt
250 g Mehl
50 g Schokoblättchen, zartbitter
2 EL Kakao
½ TL Natron
1 TL Backpulver
1 TL Kakao
50 g Butter
110 g Puderzucker
30–50 g Rohmarzipan

1 Std. Zubereitung
20 Min. Backzeit

Sternenschachtel
für einen Punsch-Muffin

Übertragen Sie die Vorlage auf farbigen Fotokarton und schneiden Sie die äußere Kontur (durchgezogene Linien) mit der Schere oder dem Cutter. Für die Falze legen Sie ein Lineal an den gestrichelten Linien an und fahren diese mit dem Falzbein entlang. An diesen entstandenen Rillen lässt sich der Karton einfach und sauber falten. Die gepunkteten Linien werden von der Kartonrückseite gefalzt. Anschließend streichen Sie mit der flachen Seite des Falzbeins über die Falze, bis der Karton ganz glatt gestrichen ist.

Sind alle Falze ausreichend vorgearbeitet, lässt sich die Schachtel zusammenfalten. Stellen Sie den Muffin in die Schachtel, halten Sie die Seitenwände zusammen und schieben Sie die beiden Verschlusslaschen ineinander. Um die Schachtel Packpapier und Geschenkband legen und auf dem Schachtelboden zusammenfügen.

Für den Stern kopieren Sie die Vorlage und übertragen ihn dreimal auf Karton oder Goldfolie. Für einen vergoldeten Stern benötigen Sie Schlagmetall und Anlegemilch. Den Karton so oft mit Anlegemilch bestreichen, bis sich ein milchiger Film auf dem Karton bildet. Lassen Sie diesen Film etwa 15 Minuten antrocknen und bedecken Sie ihn anschließend mit goldenem Schlagmetall. Tupfen Sie es mit einem weichen Pinsel vorsichtig auf den Untergrund. Überschüssiges Blattmetall lässt sich mit dem Pinsel abstreifen. Die Sterne werden in der Mitte gefaltet und mit einer Hälfte an einen zweiten bzw. dritten Stern geklebt.

Der dreidimensionale Stern wird auf der Unterseite mit doppelseitigem Klebeband beklebt und auf der Schachtel fixiert.

Die Schachtel entfaltet sich nach dem Öffnen komplett und der Muffin kann ganz einfach und problemlos herausgenommen werden.

Material

Fotokarton in Bordeaux, A3
Schlagmetall in Gold
Anlegemilch
Packpapier, ca. 6 cm breit, 37 cm lang
Geschenkband in Violett, 2,5 cm breit, 37 cm lang
doppelseitiges Klebeband
Cutter mit geeigneter Schneideunterlage
Falzbein
weicher Pinsel

Vorlage Seite 110

Eierlikör
mit Sanddornmark

Eierlikör

Die Eigelbe mit dem Zucker schaumig schlagen, bis sich der Zucker aufgelöst hat. Nach und nach das Sanddornmark hinzufügen, dann die Sahne in dünnem Strahl einlaufen lassen und mixen, bis die Mischung schaumig ist. Auf niedrigere Schaltstufe weiter mixen und den Rum hinzufügen. Den Eierlikör in eine saubere Flasche füllen und gut verschließen.

Der Eierlikör ist gekühlt bis zu 8 Wochen haltbar.

Anhänger

Aus Fotokarton schneiden Sie Rechtecke in der Größe von 5 cm x 8 cm und schrägen die oberen Ecken ab. Stanzen Sie ein Loch zwischen die abgeschrägten Ecken und bekleben Sie dieses mit einem Lochverstärker.

Bestempeln Sie den Anhänger. Sie können auch noch winterliche Motive (z.B. Eiskristall) aus dem Karton stanzen. Binden Sie den Anhänger mit dem Bastband um den Flaschenhals.

Christbaumschmuck

Schneiden Sie je 5 Formen eines Motivs aus unterschiedlichen Papieren. Falten Sie alle Formen in der Mitte und kleben Sie die Hälften aufeinander. Wiederholen Sie dies, bis alle Formen miteinander verbunden sind. Bei dünnerem Papier ist präziseres Arbeiten möglich. Stechen Sie mit einer Nähnadel durch die Mitte und befestigen Sie einen Faden für die Aufhängung.

Material

Anhänger
Flasche, 750 ml
Fotokarton in Creme
Lochverstärker in Braun
Stempelfarbe in Orange
Bastband in Natur
Textstempel zum Selbersetzen
Locher
Motivlocher: Schneekristall

Christbaumschmuck
bunte Papiere
Faden
Nadel

Vorlage Seite 108 und 110

Zutaten für ca. 750 ml
5 Eigelbe
75 g Puderzucker
5 EL flüssiges Sanddornmark
250 g Schlagsahne
250 ml weißer Rum

EIERLIKÖR
MIT
SANDDORN

Stracciatella-Schnitten
mit Eierlikör

Rühren Sie die Butter mit dem Zucker und Vanillezucker schaumig. Die Eier werden nach und nach untergerührt.

Mehl und Backpulver vermischen, zusammen mit dem Eierlikör zum Teig geben und unterrühren, bis ein glatter Teig entsteht. Die Schokostreusel zum Schluss unterheben.

Den Teig auf einem mit Backpapier ausgelegten Backblech gleichmäßig verteilen. Im auf 180 °C vorgeheizten Backofen 20–25 Minuten backen. Lassen Sie den Kuchen etwas auskühlen und schneiden Sie ihn dann in mundgerechte Quadrate von 4 cm x 4 cm. Die Schnitten werden zum Schluss mit Puderzucker bestäubt.

Die Stracciatella-Schnitten sind 4 Tage kühl und dunkel gelagert haltbar.

Die Verpackungsidee für die Stracciatella-Schnitten finden Sie auf Seite 80/81.

Zutaten für 60 Stück

300 g Butter
175 g Zucker
2 Päckchen Vanillezucker
4 Eier
300 g Mehl (Type 405)
1 Päckchen Backpulver
300 ml Eierlikör
150 g Vollmilch-schokostreusel
Puderzucker zum Bestäuben

15 Min. Zubereitung
25 Min. Backzeit

Bestickte Kästchen für das Weihnachtsgebäck

Material

Fotokarton in zwei unterschiedlichen Lilatönen, A3
Baumwollgarn in Weiß
Knöpfe in Weiß, ø 1 cm
doppelseitige Klebefolie
Lochverstärker in Braun
lösbares Klebeband
Cutter mit geeigneter Schneideunterlage
Falzbein
Nähnadel
Locher

Vorlage Seite 110/111

Übertragen Sie die Vorlage der Schachtel und des Deckels auf Fotokarton und schneiden Sie die äußere Kontur (durchgezogene Linien) mit der Schere oder dem Cutter. Für die Falze legen Sie ein Lineal an den gestrichelten Linien an und fahren diese mit dem Falzbein nach. An diesen entstandenen Rillen lässt sich der Karton einfach und sauber falten. Streichen Sie mit der flachen Seite des Falzbeins über die Falze, bis der Karton ganz glatt gestrichen ist.

Kopieren Sie die Stickvorlage aus dem Buch und fixieren Sie sie mit lösbarem Klebeband vorsichtig auf dem unmontierten Schachteldeckel. Stechen Sie mit einer Näh- oder Stecknadel die Endpunkte der Motive durch die Kopie und den Fotokarton. Sind alle Motive vollständig auf den Fotokarton übertragen, sticken Sie mit weißem Baumwollgarn die Motive in den Karton. An jede Tannenspitze nähen Sie einen Knopf.

Anschließend können Schachtel und Deckel montiert werden. Dafür bekleben Sie die Laschen mit doppelseitiger Klebefolie oder bestreichen sie mit einem Klebestift. Beginnen Sie bei dem unteren Schachtelteil mit der seitlichen Lasche und montieren Sie danach den Boden. Achten Sie darauf, dass die Laschen auf der Innenseite verklebt werden.

Für die Anhänger schneiden Sie aus Fotokarton 8 cm x 4 cm große Rechtecke und schrägen die oberen Ecken ab. Stanzen Sie ein Loch zwischen die abgeschrägten Ecken und bekleben Sie dieses mit Lochverstärker. Nähen Sie kleine Knöpfe auf den Karton oder besticken Sie ihn mit abstrakten Kristallmotiven.

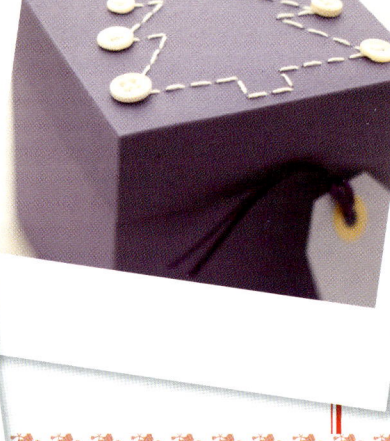

Marzipandatteln
Genuss aus dem Morgenland

Die Marzipanrohmasse grob würfeln und mit den gehackten Pistazien und dem Likör verkneten. Die Masse 5 mm dick ausrollen und in kleine Streifen, die ungefähr die Größe von Dattelsteinen haben, schneiden. Füllen Sie die Datteln damit.

Anschließend schmelzen Sie die Kuvertüre über einem Wasserbad. Lassen Sie sie etwas abkühlen und tauchen Sie dann die gefüllten Datteln mit einer Gabel oder einem Schaschlikspieß zur Hälfte ein. Lassen Sie sie auf Backpapier trocknen.

Die Datteln sind kühl und dunkel gelagert 4 Wochen haltbar.

Die Verpackungsidee für die Marzipandatteln finden Sie auf Seite 84/85.

Zutaten für 30 Stück
180 g Marzipanrohmasse
40 g gehackte Pistazien
20 ml Orangenlikör
250 g getrocknete entsteinte Datteln
200 g weiße Kuvertüre

20 Min. Zubereitung
4–5 Std. Trockenzeit

Schnelle Geschenktüten für die Marzipandatteln

Diese Verpackung ist ganz einfach herzustellen: Schneiden Sie aus Scrapbook-Papier Rechtecke aus, die 12 cm lang und ca. 6 mm breiter als die verwendeten Pergamintüten sind. Die Kanten können Sie zusätzlich mit der Konturenschere in Form bringen. Falten Sie das Rechteck in der Mitte und stülpen Sie es über die Öffnung der mit Marzipandatteln gefüllten Tüte.

Stanzen Sie mit einem Locher mittig ein Loch durch Etikett und Tüte, durch das farbige Geschenkbänder gefädelt werden. Aber auch mithilfe von Klammern oder Ösen lassen sich die Tüten einfach und dekorativ verschließen. Zusätzlich können Sie beschriftete Kartonstreifen oder -kreise daran befestigen.

Fruchtige Köstlichkeiten

In Kombination mit weihnachtlichen Gewürzen sind Früchte echte Festtagsstars. Sie geben nicht nur Gebäck eine frische Note, auch als köstliche Aufstriche und Chutneys machen sie sich wunderbar beim Weihnachtsbrunch oder dem Festtagsfondue.

Orangen-
gelee

Orangen-
gelee

Orangen-
gelee

Saftige Orangen gehören
zu Weihnachten wie rotbackige
Äpfel. Probieren Sie die Südfrüchte
doch auch einmal als Gelee oder
verfeinern Sie traditionelle Kipferl
damit. Gaumenfreuden bereiten
auch Pflaumenchutney und
Panettone.

Pflaumenchutney
passt zu Fleischfondue

Material

Einmachgläser mit Klammerverschluss, 500 ml
lösungsmittelhaltige Stempelfarbe in Weiß
Pigmentstempelfarbe in Weiß und Schwarz
Schleifenband in Rot-Weiß kariert, 6 mm breit
Packpapier
Metallösen in Rot
Textstempel zum Selbersetzen
Stempel in Sternform
Cutter mit geeigneter Schneideunterlage
Locher
Ösenzange

Vorlage Seite 109

Pflaumenchutney

Die Pflaumen waschen, halbieren und entkernen, die Schalotten und den Knoblauch schälen und in Würfel schneiden. Den Ingwer schälen und ebenfalls würfeln. Die Chilischoten putzen und in Streifen schneiden.

Geben Sie alle Zutaten in einen großen Topf und lassen Sie die Mischung aufkochen. Alles zugedeckt etwa 15 Minuten bei schwacher Hitze köcheln lassen, dann weitere 30 Minuten ohne Deckel bei gleicher Temperatur einkochen. Die Sauce im Mixer pürieren und erneut erhitzen. Schmecken Sie das Chutney nochmals mit den Gewürzen ab, füllen Sie es in Gläser und lassen Sie es abkühlen.

Das Chutney ist etwa 6 Monate haltbar.

Verpackung

Bevor Sie die Einmachgläser befüllen, bestempeln Sie sie, so ist die Handhabung viel einfacher. Drücken Sie den Stempel (siehe Seite 65) mit einer Sternenecke auf das Glas und rollen Sie das Motiv vorsichtig ab. Durch den glatten Untergrund kann der Stempel schneller wegrutschen als auf rauen Untergründen (z. B. Papier), allerdings lassen sich misslungene Abdrücke ganz leicht mit Nagellackentferner oder Reinigungsbenzin wieder entfernen. Die Stempelfarbe ist nach wenigen Minuten trocken.

Für die Etiketten schneiden Sie aus Packpapier 8 cm x 5 cm große Rechtecke, schrägen an einer Seite die Ecken ab, bringen eine Öse an, stempeln die Sterne mit weißer Stempelfarbe auf das Papier und den Text mit schwarzer. Denken Sie daran, dass Sie den Text spiegelverkehrt von rechts nach links setzen. Mit farbigen Bändern lassen sich die Anhänger ganz leicht an den Gläsern befestigen.

Zutaten für 3 Gläser à 500 ml

1 kg Pflaumen
250 g Schalotten
2 Knoblauchzehen
1 Stück frischer Ingwer (ca. 6 cm)
2 Chilischoten
8 EL Rotwein
Schale und Saft von 2 unbehandelten Orangen
6 EL Rotweinessig
150 g brauner Zucker
¼ TL Muskat
etwas Salz
1 TL gemahlener Zimt

1 Std. Zubereitung

Orangeat-Kipferl
Klassiker mal fruchtig

Hacken Sie das Orangeat sehr fein. Rühren Sie Butter, Zucker und Salz schaumig. Anschließend Mehl, Haselnüsse, Zimt und Orangeat unter die Buttermasse kneten. Stellen Sie den Teig in Frischhaltefolie gewickelt etwa 2 Stunden kalt.

Aus dem kalten Teig lange Rollen von 1 cm Durchmesser formen und diese in 5 cm lange Stücke schneiden. Zu Kipferl formen und auf ein mit Backpapier ausgelegtes Blech setzen. Im auf 180°C vorgeheizten Backofen werden die Kipferl 10 bis 12 Minuten gebacken.

Lassen Sie die Plätzchen auskühlen, erwärmen Sie Kuvertüre im Wasserbad und füllen Sie sie in einen Gefrierbeutel. Schneiden Sie eine sehr kleine Ecke ab und verzieren Sie die Kipferl mit Streifen.

Die Orangeat-Kipferl sind 4 Wochen kühl und dunkel gelagert haltbar.

Die Verpackungsidee für die Orangeat-Kipferl finden Sie auf Seite 94/95.

Zutaten für 60 Stück

80 g Orangeat
200 g Butter
120 g brauner Zucker
1 Prise Salz
250 g Mehl (Type 405)
100 g gemahlene Haselnüsse
1 Msp. Zimt
100 g weiße Kuvertüre

45 Min. Zubereitung (ohne Kühlzeit)
12 Min. Backzeit

Kleine Plätzchentüten
für die Orangeat-Kipferl

Schneiden Sie in die Mitte einfacher Butterbrottüten runde Sichtfenster (ø 5 cm). Legen Sie dafür ein Stück Pappe in die Tüte, um die Rückseite der Tüte nicht zu zerschneiden. Für die Rosette stanzen Sie aus Pack- oder Geschenkpapier „Blumen", aus deren Mitte Sie Kreise in der Größe des Sichtfensters schneiden. Die so entstandenen Rahmen kleben Sie über die Tütenfenster.

Füllen Sie die Kipferl in kleine Zellophantüten, die Sie in die Butterbrottüten stecken. Die Tütenöffnung falten und den oberen Rand lochen. Mit farbigen Bändern, Geschenkanhängern und kleinen Utensilien wie Ausstechförmchen lassen sich die Tüten zusätzlich verzieren.

Material
Butterbrottüten
Zellophantüten
Pack- oder Geschenkpapier
Fotokarton in Creme
Lochverstärker in Braun
Baumwollkordel in Rot-Weiß
Schleifenband in Rot-Weiß kariert, 6 mm breit
Glöckchen
kleine Plätzchenausstecher (weihnachtliche Motive)
kleine Deko-Fliegenpilze
Cutter mit geeigneter Schneideunterlage
Motivlocher: Kreis mit Wellenrand, ø 6,2 cm
Locher
Pappe

Orangengelee
fruchtig und würzig

Den Ingwer schälen und fein hacken. Die Gewürze und das Glühweingewürz in ein Mullsäckchen oder einen Teebeutel geben und zusammen mit den Säften erhitzen. Lassen Sie das Ganze etwa 30 Minuten ziehen und entfernen Sie dann die Gewürze.

Fügen Sie den Gelierzucker und die Zitronensäure hinzu und bringen Sie alles bei starker Hitze unter Rühren zum Kochen, bis es sprudelt. Dann 4 Minuten sprudelnd kochen lassen, dabei ständig rühren.

Sofort in heiß ausgespülte Marmeladengläser abfüllen, den Schraubdeckel verschließen und die Marmeladengläser auf den Kopf gestellt auskühlen lassen.

Das Orangengelee ist mindestens 6 Monate haltbar.

Die Verpackungsidee für den Orangengelee finden Sie auf Seite 100/101.

Zutaten für
4 Gläser à 250 ml

1 Stück Ingwer (2 cm)
1 Beutel Glühweingewürz
1 Zimtstange
3 Sternanise
Schale einer Zitrone
½ l Orangensaft
½ l Apfelsaft
500 g Gelierzucker 2:1
1 Päck. Zitronensäure

30 Min. Zubereitung

Orangen-
gelee

Geschenkgläser für das Orangengelee

Um den Schraubverschluss des Glases zu beziehen, schneiden Sie ein Stück Packpapier zu, das etwas größer als der Deckel ist. Besprühen Sie dieses Papier mit Sprühkleber (den Untergrund großzügig mit Zeitungspapier bedecken, um ihn vor dem Sprühnebel zu schützen) und ummanteln Sie den Deckel mit dem Papier. Streichen Sie das Papier vorsichtig von innen nach außen glatt und drücken Sie mögliche Luftblasen heraus. Bekleben Sie auch die Seiten und drücken das Papier fest auf den Deckelrand. Das überstehende Papier bis auf einen Rand von 2 mm abschneiden. Diesen Rand drücken Sie fest an die Wölbung des Verschlusses, so blitzt kein Metall aus dem Papier hervor.

Binden Sie Geschenkbänder um Gläser und Deckel und kleben Sie die beschrifteten, bestempelten oder bedruckten Etiketten (ø ca. 5 cm) auf die Bänder. Alternativ stanzen Sie einen Kreis mit Wellenrand aus, kleben ihn auf das Glas und befestigen darüber das Band und das runde Etikett.

Material

Einmachgläser mit Schraubdeckel, 250 ml
Packpapier
Tonpapier in Braun und Creme
Schleifenband in Rot-Weiß kariert, 6 mm breit
Satinband in Rot, 1 cm breit
Motivlocher: Blume, ø 6 cm
Sprühkleber
doppelseitiges Klebeband
Zeitungspapier
Drucker, Stempel oder Stift

Mini-Panettone
saftiger Klassiker aus Italien

Zutaten für 3 Stück

300 g Mehl (Type 405)
1 Päckchen Trockenhefe
100 g Zucker
1 Prise Salz
½ TL Kardamom
½ TL Macisblüte
2–3 Tropfen Bitter-
mandelöl
50 g weiche Butter
1 Ei
50 ml lauwarme Milch
50 g Mandelstifte
50 g Rosinen
30 g Orangeat
30 g Zitronat
3 Terrakotta-Blumentöpfe
à 250 ml Inhalt
15 g Butter
Puderzucker zum
Bestäuben

30 Min. Zubereitung
(ohne Zeit zum Gehen)
30 Min. Backzeit

Geben Sie Mehl, Hefe, Zucker, Salz, Gewürze, Bittermandelöl, Ei und Milch in eine Schüssel und verkneten Sie die Zutaten zu einem Teig. Lassen Sie den Teig zugedeckt gehen, bis er sein Volumen verdoppelt hat.

Dann den Teig erneut kneten und Mandeln, Rosinen, Orangeat und Zitronat hinzufügen und unterkneten. Den Teig in 3 Portionen teilen.

Damit der Teig schön aufgeht, werden die gereinigten Töpfe nur unten ausgefettet. Setzen Sie den Teig in die Töpfe und lassen Sie ihn erneut gehen, bis er das Volumen verdoppelt hat.

Die Töpfe auf ein Backblech auf der untersten Schiene im auf 200 °C vorgeheizten Backofen etwa 30 Minuten backen. Die Butter zerlassen und auf die heißen Kuchen streichen. Dann lassen Sie die Panettone abkühlen und bestäuben sie zum Schluss dick mit Puderzucker.

Die Panettone sind etwa 5 Tage haltbar.

Die Verpackungsidee für den Panettone und eine kleine Geschenkidee finden Sie auf Seite 104/105.

Grußbotschaften
für den Panettone

Dekorative Stecker

Kopieren Sie die beiden Sterne und kleben Sie diese auf dicke Pappe (Graupappe). Schneiden Sie sie sauber aus, sodass Sie eine stabile Schablone haben. Damit übertragen Sie die Motive auf Fotokarton. Den kleineren Stern beschriften Sie mit Ihrem Wunschtext.

Spitzen Sie ein Holzstäbchen an einem Ende mit dem Cutter an. Schneiden Sie aus Pappe, die die Stärke des Holzstäbchens hat, einen dritten Stern, der als Auflage dient und an allen Seiten etwa 2 mm kleiner ist als der oberste Stern. In der Mitte dieses Pappmotivs eine Aussparung für das Holzstäbchen herausschneiden. Mit doppelseitigem Klebeband kleben Sie den Pappstern auf den großen (unteren) Stern und legen das Holzstäbchen in die Aussparung. Den kleineren, oberen Stern kleben Sie auf die Pappe, bzw. das Holzstäbchen. Das angespitzte Holzstäbchen können Sie nun in die Panettone stecken. Den Blumentopf umwickeln Sie mit Band und Ilexzweigen.

Pop-up-Karten

Übertragen Sie die Schablone auf Fotokarton und schneiden Sie die durchgezogenen Linien mit der Schere oder dem Cutter. Falzen und falten Sie die gestrichelten Linien von vorne, die gepunkteten Linien von der Rückseite. Nun falten Sie die Karte in der Mitte vorsichtig zusammen. Beachten Sie dabei, dass sich die Stege in die richtige Richtung aufstellen.

Fünf Dreiecke aus Fotokarton ausschneiden und diese z. T. mit unterschiedlichen Masking-Tapes bekleben. Anschließend kleben Sie die kleinen Tannenbäume auf die Stege. Stanzen Sie kleine Eiskristalle aus farbigen Papier oder Masking-Tape und kleben Sie sie zusätzlich auf die Karte.

Material

Verpackung

Holzstäbchen, ca. 14 cm lang, 6 mm breit
Fotokarton in Dunkelgrün, Rot und Creme
Graupappe
Schleifenband in Grün-Weiß kariert, 5 mm breit

Pop-up-Karten

Fotokarton in Creme und Dunkelgrün
Masking-Tape in Rot und Grün gemustert
doppelseitiges Klebeband
Cutter mit geeigneter Schneideunterlage
Falzbein
Motivlocher: Eiskristall

Vorlage Seite 111

Vorlagen

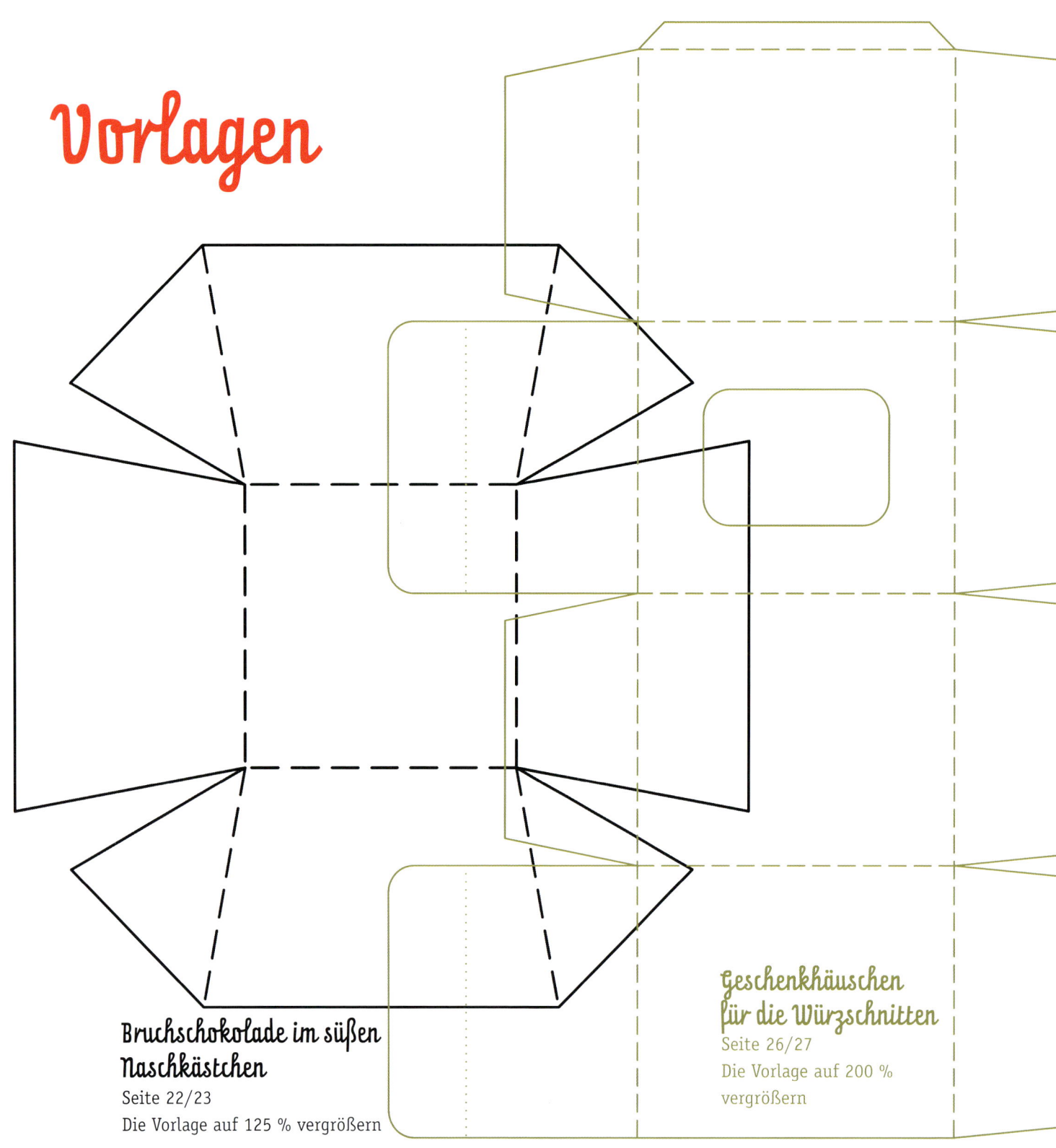

Bruchschokolade im süßen
Naschkästchen

Seite 22/23
Die Vorlage auf 125 % vergrößern

Geschenkhäuschen
für die Würzschnitten

Seite 26/27
Die Vorlage auf 200 %
vergrößern

Feine Geschenkkästchen
für die Walnuss-Baisers
Seite 34/35
Die Vorlage auf 200 %
vergrößern

Edle Kuchenschachtel für
das Mandeltörtchen
Elch, Seite 42/43

200

30

6

95

200

220

Edle Kuchenschachtel für
das Mandeltörtchen

Schachtel, Seite 42/43

Alle Angaben in Millimeter.

Die Vorlage auf 270 % vergrößern

Glühweintee
für gemütliche Stunden

Filzmanschetten, Seite 66/67

Die Vorlage auf 125 % vergrößern

40

220

Eierlikör mit Sand–
dornmark

Christbaumschmuck
Seite 76/77

40

39

79

220

79

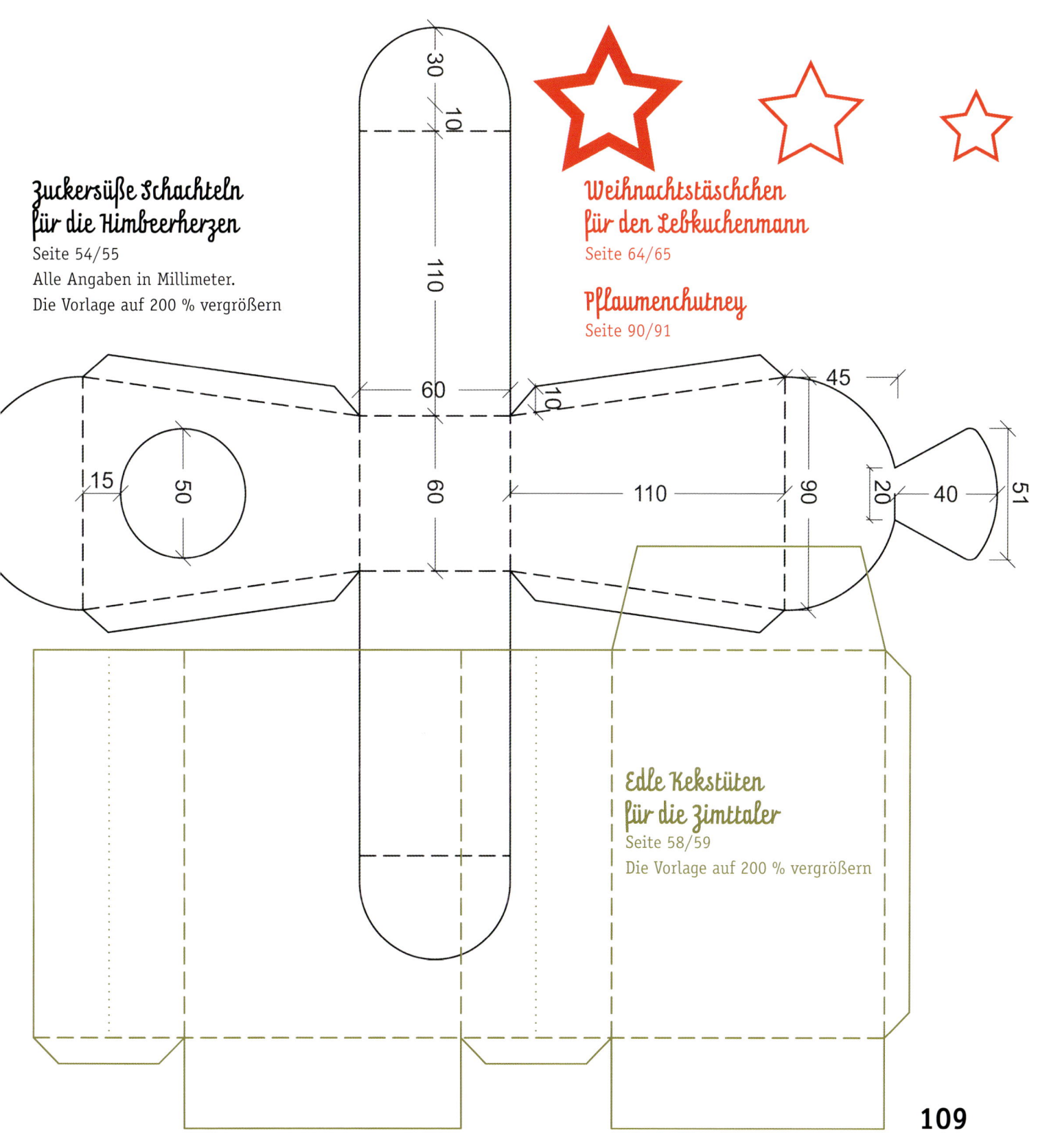

**Zuckersüße Schachteln
für die Himbeerherzen**
Seite 54/55
Alle Angaben in Millimeter.
Die Vorlage auf 200 % vergrößern

**Weihnachtstäschchen
für den Lebkuchenmann**
Seite 64/65

Pflaumenchutney
Seite 90/91

**Edle Kekstüten
für die Zimttaler**
Seite 58/59
Die Vorlage auf 200 % vergrößern

30
10
110
60
10
60
45
15
50
110
90
20
40
51

109

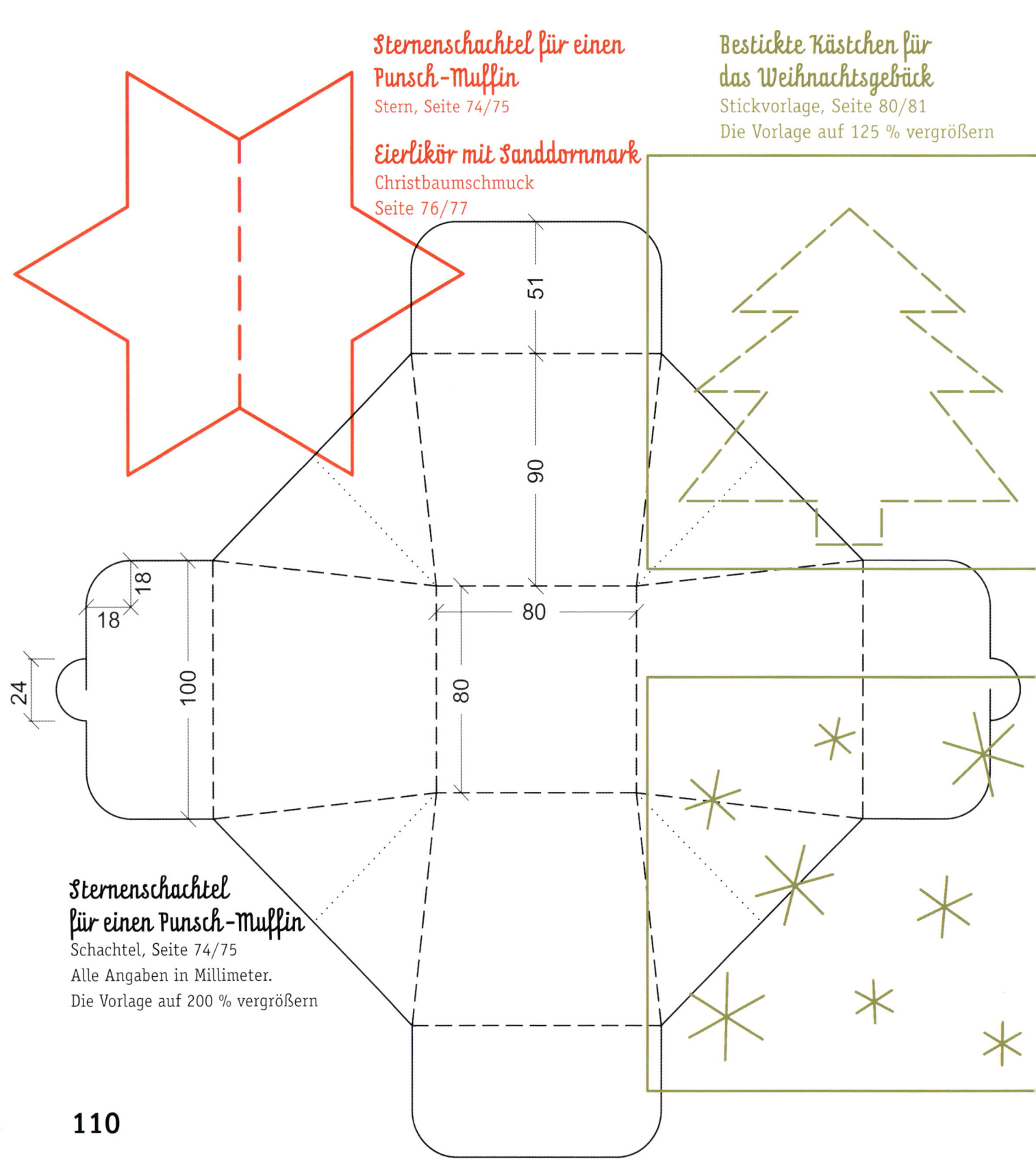

Sternenschachtel für einen
Punsch-Muffin
Stern, Seite 74/75

Eierlikör mit Sanddornmark
Christbaumschmuck
Seite 76/77

Bestickte Kästchen für
das Weihnachtsgebäck
Stickvorlage, Seite 80/81
Die Vorlage auf 125 % vergrößern

Sternenschachtel
für einen Punsch-Muffin
Schachtel, Seite 74/75
Alle Angaben in Millimeter.
Die Vorlage auf 200 % vergrößern

51

90

80

80

18

18

100

24

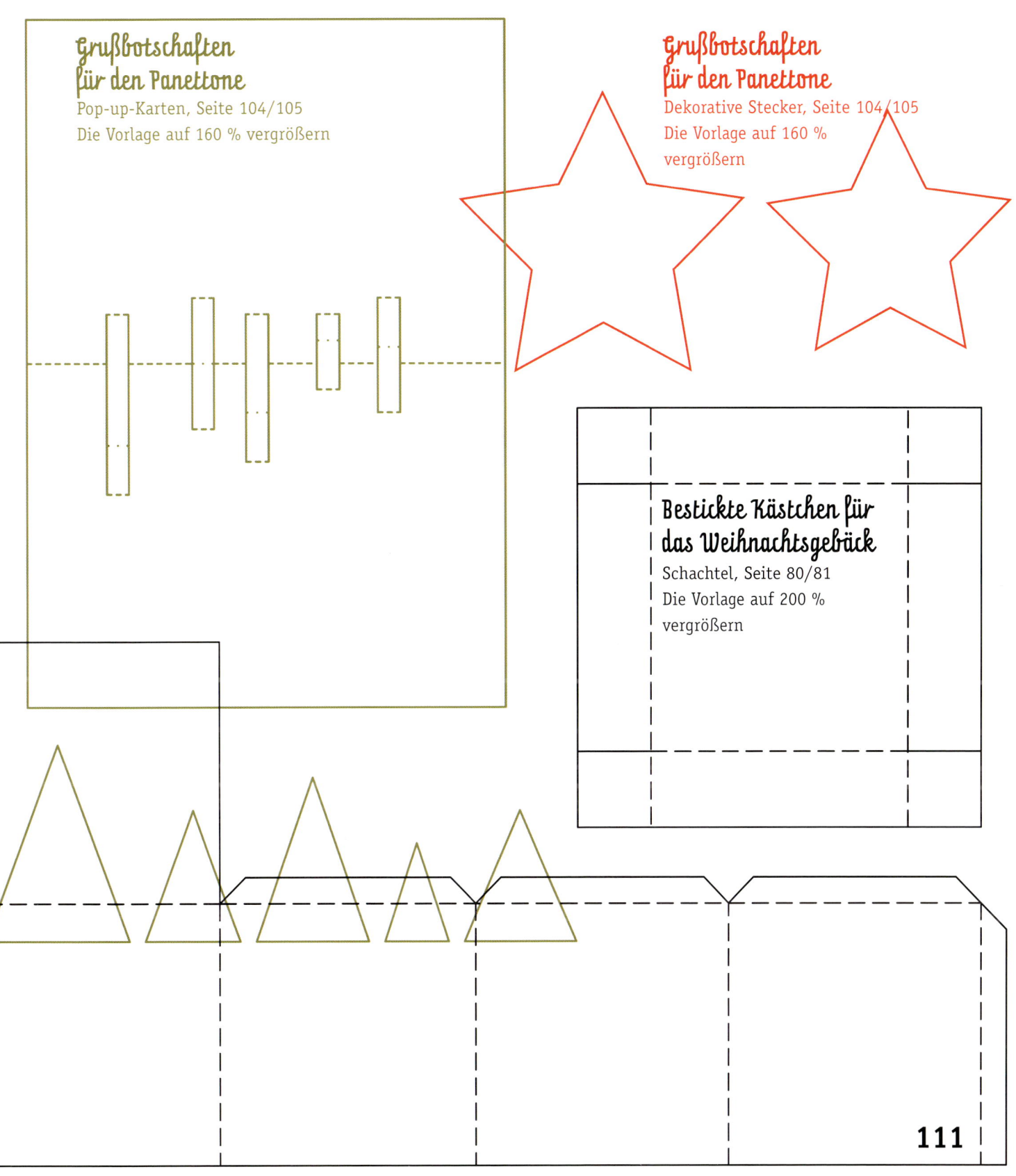

**Grußbotschaften
für den Panettone**
Pop-up-Karten, Seite 104/105
Die Vorlage auf 160 % vergrößern

**Grußbotschaften
für den Panettone**
Dekorative Stecker, Seite 104/105
Die Vorlage auf 160 %
vergrößern

**Bestickte Kästchen für
das Weihnachtsgebäck**
Schachtel, Seite 80/81
Die Vorlage auf 200 %
vergrößern

Die Autorinnen

Anne Iburg

Anne Iburg ist Autorin mehrerer Koch-bücher und Ernährungsratgeber. Sie studierte an der Universität Bonn Oe-cotrophologie und arbeitete in einem Kochstudio und in einem Ratgeberverlag, bevor sie sich vor mehr als zehn Jahren selbständig machte. Heute lebt sie mit ihrer Familie in Kaiserslautern und kocht und backt für ihr Leben gerne.

Anne Iburg

Gesine Harth

Gesine Harth

Von klein auf beschäftigte sich Gesine Harth mit den unterschiedlichsten Ma-terialien. Alles begann mit selbst her-gestellten Kleidern, Accessoires und Möbeln für die Puppen. In ihrem Kom-munikationsdesign-Studium und dem Studium der Innenarchitektur beschäf-tigte sie sich dann mit vielen weiteren Materialien und deren Gestaltungsmög-lichkeiten – doch am meisten faszinier-te sie Papier und seine Vielseitigkeit. Heute lebt sie die Liebe für das Material und das Gestalten damit aus und fertigt eigene Karten, Verpackungen und Ge-schenke in liebevoller Handarbeit.

Impressum

Verpackungsmodelle: Gesine Harth
Rezeptentwicklung: Anne Iburg
Mitarbeit Rezeptentwicklung: Marlies Busch

Fotos: frechverlag GmbH, 70499 Stuttgart; T. W. Klein (Foto Anne Iburg, Seite 112); Fotolia: Bernd Kröger (S. 11, u.r.), Carmen Steiner (S. 16, o.r.), Cheyenne (S. 88, u.l.), Christian Jung (S. 31, o.r., S. 71, o.l.), Daniel Tribote (S. 11, u.m.), Elenathewise (S. 30, u.l.), fredredhat (S. 60, r.), gb27photo (S. 31, u.r.), HLPhoto (S. 10, u.l. S. 88, o.l.), IngridHS (S. 60, m.), Ivan Isak (S. 89, u.r.), Joniva (S. 89, u.l.), Kati Molin (S. 10, o.r.), knipsit (S. 10, u.r.), Lasse Kristensen (S. 61, l.), Marco Mayer (S. 88, u.r.), Marina Lohrbach (S. 50, u.r.), MarinaParshina (S. 51, o.l.), Mario (S. 30, o.l.), Maxim Loskutnikov (S. 37, o.r.), Nailia Schwarz (S. 10, o.l., S. 51, u.l.), olihaut (S. 11, o.r.), Reena (S. 60, l.), Renaters (S. 50, u.l.), Robert Neumann (S. 51, u.m.), sailer (S. 70, u.l.), Sebastian Duda (S. 98, u.r.), seen (S. 70, u.r.), si.re-flex (S. 30, u.r.), simke. (S. 50, o.m.), Steffen Sinzinger (S. 71, u.m.), Tatyana Nyshko (S. 61, m.), unpict (S. 61, r.), Gestaltungselement „Geschenkanhänger"; istock: matka_Wariatka (S. 20/21), mrsnstudio (S. 96/97); lichtpunkt, Michael Ruder, Stuttgart (alle übrigen)

Reihenkonzept: Katrin Hartmann
Produktmanagement: Katrin Hartmann
Stimmungs- und Aufmachertexte: Monique Rahner
Lektorat: Christine Paxmann text • konzept • grafik, München
Markendesign und Layout: N I T R I B I T T Kommunikation & Design, Thomas Detlaf, Kischa Scheibe, Marco Schenck, www.nitribitt.com
Satz: Christine Paxmann text • konzept • grafik, München
Druck und Bindung: Korotan, Slowenien

Wir danken den Firmen KnorrPrandell GmbH, Lichtenfels, Buntpapierfabrik Ludwig Bähr, Kassel, Rayher Hobby GmbH, Laupheim, Heyda Baier & Schneider GmbH & Co. KG, Heilbronn, für die freundliche Bereitstellung von Material.

Hilfestellung zu allen Fragen, die Materialien und Kreativbücher betreffen: Frau Erika Noll berät Sie. Rufen Sie an: 05052/911858 (normale Telefongebühren)

2. Auflage 2011
© 2011 frechverlag GmbH, 70499 Stuttgart

ISBN 978-3-7724-5901-6
Best.-Nr. 5901

Bücher aus der kreativen Manufaktur

TOPP 5900
978-3-7724-5900-9

TOPP 5901
978-3-7724-5901-6

TOPP 5902
978-3-7724-5902-3

TOPP 5903
978-3-7724-5903-0

Schenken und Verpacken mit der kreativen Manufaktur

Im Design der kreativen Manufaktur gibt es auch Etiketten, Geschenkanhänger, Dosen, Schachteln und vieles mehr. Sie sind über den gut sortierten Buchhandel oder www.kreative-manufaktur.de erhältlich.

www.kreative-manufaktur.de

Jetzt auch online

Selbermachen. Genießen. Verschenken.